CP

Lecture tout terr@in

Cahier d'exercices 2

Nouvelle édition

Sous la direction de Jérôme Lurse

Avec la collaboration de Hélène Terrat,
Conseillère pédagogique

Bordas

Sommaire

ISBN 978-204-732638-1

Le tracé des lettres

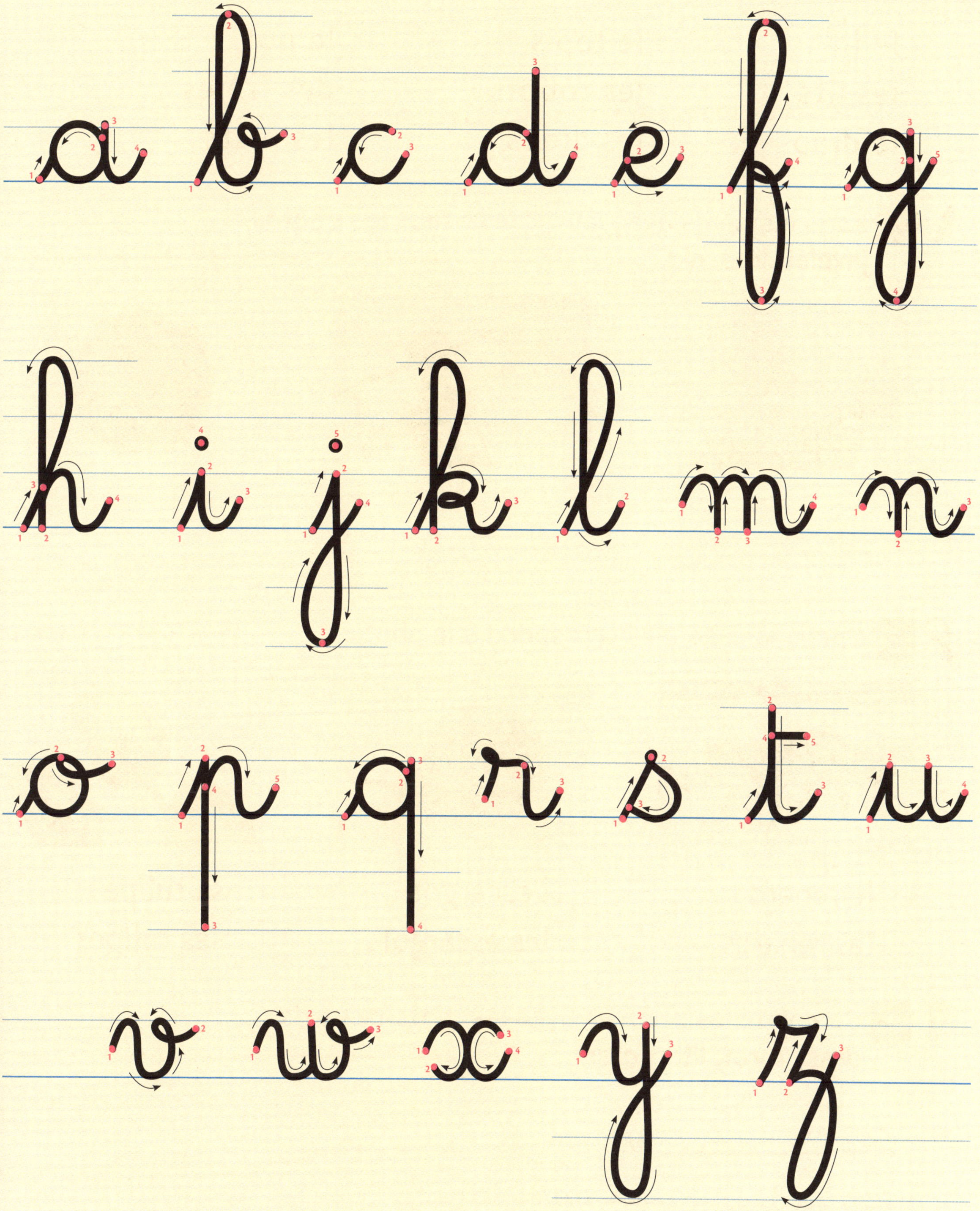

27 Lettres finales muettes

1 Lis les mots et entoure les lettres finales qui ne se prononcent pas.

le lit
les lits
le drap

le tapis
les robots
les draps

le pot
des frères
les plats

2 Écris les noms avec leur article sous les photos : **javelot, lilas, nid.**

3 Coche la case qui correspond à la photo.

☐ le renard
☐ les renards

☐ l'escargot
☐ les escargots

☐ sa tulipe
☐ ses tulipes

4 Complète les phrases avec les mots suivants : **drap, forêt, lit, renard.**

Le ____________ *est sur le* ____________.

Le ____________ *est dans la* ____________.

5 Complète les mots avec **is** ou **as** (le **s** ne se prononce pas).

un rad___ un caden___ un rep___

un matel___ une breb___ un tap___

6 Coche la case qui correspond à l'illustration.

☐ elle dort
☐ elles dorment

☐ il regarde
☐ ils regardent

☐ il s'étonne
☐ ils s'étonnent

7 Lis et entoure les lettres finales muettes.

L'ogre a mis ses bottes.

Omar a attrapé des escargots.

Dans la forêt, Jules a vu des renards.

8 Relis les phrases de l'exercice 7,
puis les mots soulignés ci-dessous : de qui parle-t-on ?

Il a mis ses bottes : ______________

Omar les a attrapés : ______________

Jules les a vus : ______________

28 o au eau

1 Entoure la lettre ou les lettres quand tu entends le son « o ».

o u au a eau o i au ru

2 Écris en cursive.

o

au

eau

3 Écris les noms avec leur article sous les photos : auto, drapeau, moto.

4 Complète les mots avec beau, reau ou teau.

un cor______ un gâ______ un tau______

5 Complète les phrases avec **trop**, **près** ou **sous**.

Le marteau est ______ le bureau.
Il a pris ______ de gâteau.
Le bateau est ______ du port.

6 Lis les phrases et colorie les dessins.

Laure a une robe mauve. Pauline a une robe jaune.

Pauline

Laure

7 Écris **un** ou **une** devant les noms, **il** ou **ils** devant les verbes.

______ corbeau, ______ moto, ______ crapaud, ______ cadeau

______ arrive, ______ dort, ______ dorment, ______ a grossi

8 Relis « **Un crapaud à l'école** », puis barre les phrases qui ne correspondent pas à l'histoire.

a. Les élèves observent un crapaud sous le préau.
b. Omar offre un gâteau à Lila.
c. Marine attrape le crapaud.
d. Le crapaud se sauve de l'autre côté du mur.

29 é er ez

1 Entoure la lettre ou les lettres quand tu entends le son « é ».

a er é au è ê i ez eau

2 Écris en cursive.

é

er

ez

3 Écris le verbe qui convient sous chaque photo :
allumer, escalader, galoper, pédaler, piloter, repasser.

4 Complète les ordres de la sorcière avec les verbes suivants : **Apprenez**, **Tricotez**, **Préparez**, **Obéissez**.

______________ -moi !

______________ un pull !

______________ le dîner !

______________ la formule !

5 Relie ce qui va ensemble.

poster •	• une auto
récolter •	• le café
dépanner •	• une lettre
saluer •	• un ami
sucrer •	• le blé

6 Complète les phrases avec **est** ou **sont**.

Lola et Romane ________ parties à la mer.
Lola ________ une très bonne copine.
Enola et Lila ________ revenues de l'école.
Enola va préparer une tarte. Lila ________ ravie.

30 é ê ai ei et

1 Entoure la lettre ou les lettres quand tu entends le son « è ».

é è e ai a ei i é et

2 Coche le cercle quand tu entends le son « è ».

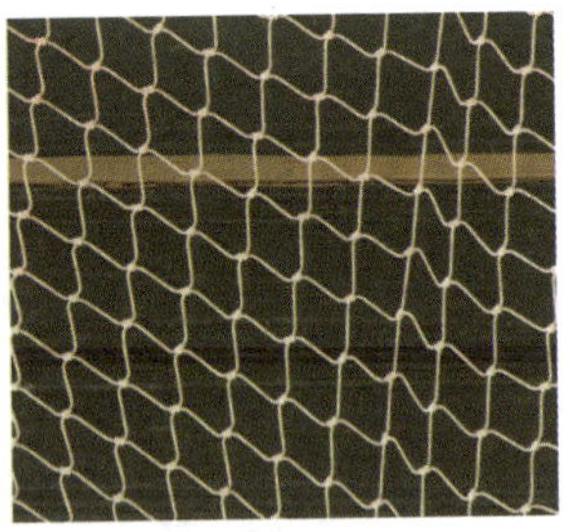

○○

○○

○○○

3 Numérote les dessins dans l'ordre de l'histoire,
puis écris le bon numéro devant chaque phrase.

☐

☐

☐

☐ Lila donne un bonnet à Élio.
☐ Marine donne un pistolet à Élio.
☐ Les filles se disputent et Élio part avec Omar.

4 Dans chaque liste, barre le mot quand tu n'entends pas le son « è ».

rêve	relais	robinet
palais	bonnet	beauté
bébé	reine	laine
père	café	tête

5 Entoure les mots quand tu entends le son « **è** ».

Le maître a mis une dizaine d'objets sur son bureau : un carnet, une craie, un livret, un cartable, un dé, un gobelet, un sifflet, une clé et un annuaire.

6 Complète les mots avec **lei**, **mai**, **net**, **tai**.
(N'utilise chaque syllabe qu'une seule fois.)

le capi ________ ne   la se ________ ne
le car ________   une ba ________ ne

7 Complète les phrases avec **On**, **son** ou **sont**.

Elio a mis ________ bonnet.
Elio et Lila ________ bons amis.
________ admire la reine.

8 Écris une phrase qui contient les mots suivants :
corsaire, **bonnet** et **sabre**.

31 e eu œu

1 Recopie.

œ

2 Entoure la lettre ou les lettres quand tu entends le son « eu ».

é e ê eu er ai œu è ei

3 Écris en cursive.

e

eu

œu

4 Écris les noms avec leur article sous les photos : **cœur, feu, fleur.**

5 Complète les phrases avec un verbe et un nom de la liste.

tire	aller	trotte	corde	colline	cœur	bleuets

La chèvre ______ sur la ______. Son ______ est triste.
Elle veut ______ sur la ______.
Elle ______ parmi les ______.

6 Entoure les noms de métiers dans la grille.

U	R	E	O	C	A	A	C	T	E	P
E	U	R	D	O	C	T	E	U	R	A
D	I	R	E	C	T	E	U	R	S	T
A	F	U	C	T	E	U	R	I	U	I
F	A	C	T	E	U	R	N	O	R	N
F	F	L	E	U	R	I	S	T	E	E
A	U	T	E	U	R	V	A	T	E	U
C	U	L	T	I	V	A	T	E	U	R

(horizontalement ou verticalement)

- PATINEUR
- FACTEUR
- CULTIVATEUR
- FLEURISTE
- DOCTEUR
- ACTEUR
- DIRECTEUR
- AUTEUR

7 Relie ce qui va ensemble.

le facteur •	• la tulipe
acteur •	• l'école
le directeur •	• la carte postale
le fleuriste •	• cinéma
l'auteur •	• le livre

8 Utilise le mot cœur, puis le mot fleur dans une phrase.

32 ou

1 Entoure les lettres ou la syllabe quand tu entends le son « ou ».

no	vu	ou	œu	ou	eu	ou	au
su	sou	fo	fu	feu	fou	flou	four
vous	vos	nous	nos	nœud	joujou	mou	pou

2 Écris les noms avec leur article sous les photos :
journal, tabouret, toupie.

3 Classe les mots suivants dans le tableau : le bouc, la boussole, le coucou, le loup, la loupe, le moule, la poule, le rouleau.

objets	animaux

4 Entoure tous les « ou » dans le tableau de l'exercice 3.

5 Entoure le mot qui convient.

Lila joue à la — poupée. / poupées.

Omar a peur des — loup. / loups.

Ils — écoute / écoutent — le maître.

6 Lis le texte puis écris V si c'est vrai et F si c'est faux.

Marine a réussi sa boussole. Omar a fini son mini-tabouret et Lila un bijou de poupée. Le maître trouve le parasol d'Élio très joli.

- Marine a raté sa boussole. ☐
- Omar et Lila ont terminé leurs objets. ☐
- Élio a pris le parasol de Lila. ☐

Je découvre le singulier et le pluriel

1 Entoure le nom au singulier ou au pluriel qui correspond à la photo.

balai / balais

crêpe / crêpes

lit / lits

renards / renard

clou / clous

2 Entoure le verbe au singulier ou au pluriel qui correspond à l'image.

il parle /
ils parlent

elle sourit /
elles sourient

il danse /
ils dansent

3 Complète la phrase avec la suite qui convient.

A

B

C

A Omar tire __________ (la corde/les cordes).

B Lila adore __________ (la tulipe/les tulipes).

C Il aime __________ (la pâtisserie/les pâtisseries).

4 Mets les noms au pluriel, comme dans l'exemple, avec l'article qui convient.

un balai : des balais

un voleur : __________

la moto : __________

le tunnel : __________

5 Mets les noms au pluriel, comme dans l'exemple.

L'élève écrit sur le carnet. Les élèves écrivent sur les carnets.

La mère regarde le bébé. __________

6 Écris une phrase avec un nom et un verbe au singulier.

(Tu peux t'aider de ton manuel p. 82.)

7 Écris une phrase avec un nom et un verbe au pluriel.

(Tu peux t'aider de ton manuel p. 82.)

Lire des enseignes

1 Relie.

Si l'on veut :

- un gâteau •
- laver son costume •
- s'offrir une robe neuve •
- des tulipes •
- une pizza •

on va :

• 

• 

• 

• 

• 

2 Classe les mots suivants dans le tableau : un baba, une jupe, une mousse au café, un pull, une tarte, une veste.

prêt-à-porter	pâtisserie

3 Entoure les enseignes de magasins.

ÉCOLE   CAFÉ   CRÊPERIE   MAIRIE

4 Classe les mots suivants dans le tableau : **les ballerines, les bottes, les bottines, la jupe, le pull, la robe, les sabots, la veste.**

5 Complète les phrases avec les mots suivants :
bottes, gâteau, pâtisserie, pull.

Elio a apporté ses ________ à la cordonnerie.
Après, il a rapporté son ________ de la laverie.
En route, il s'est arrêté à la ________
et a pris un ________.

33 oi

1 Coche le cercle quand tu entends le son « oi ».

○○○

○○○

○○

○○○○

2 Entoure la syllabe quand tu entends le son « oi ».

toi rou tio loi voi ron

mou mon moi noi nou poi

3 Écris les noms avec leur article sous les photos :
armoire, doigt, miroir, passoire, toit, voile.

4 Complète les mots avec **coi**, **moi**, **noi**, **toi**, **voi**, puis écris-les.
(N'utilise chaque syllabe qu'une seule fois.)

une ar_____re : ____________________

une pati_____re : ____________________

une _____ffure : ____________________

la vic_____re : ____________________

l'i_____re : ____________________

5 Complète les phrases avec les mots suivants :
armoire, **bois**, **devoirs**, **patinoire**.

Si j'ai soif, je ______________.

Tu dois faire tes ______________.

Samedi, j'irai à la ______________.

Il a mis ses affaires dans l'______________.

6 Écris un petit texte qui contient les mots suivants :
étoile, **noir**, **soir**.

34 on

1 Entoure la syllabe quand tu entends le son « on ».

mon toi fon cou dou ron jon

2 Coche le cercle quand tu entends le son « on ».

○○

○○

○○○

○○○○

3 Dessine.

un bouton marron

un poisson noir

4 Complète les phrases avec D'abord ou puis.

_______ Elio a frappé à la porte de Lila,
_______ il a frappé à la porte d'à-côté.
_______ Elio a pris le mot de Lila,
_______ il a fondu en larmes.

5 Écris les noms avec leur article sous les photos : **accordéon, melon, pont.**

6 Lis le texte, puis réponds aux questions.

Les élèves sont à la ferme. Ils observent des moutons.
Le maître a aussi montré des légumes.
Marine veut attraper un œuf de poule, il glisse et se casse.
Elle fond en larmes !

Où sont les élèves ?

Les élèves regardent-ils des poissons ?

Lila a-t-elle pleuré ?

Qu'est-il arrivé à l'œuf ?

35 an en

1 Entoure les an en bleu et les na en rouge.

maman danse natte limonade tante panse

2 Entoure les en en bleu et les ne en rouge.

banane trente mandarine tournesol endive

3 Complète les mots avec can, gan, lan, ment, pan ou rent.
(N'utilise chaque syllabe qu'une seule fois.)

un ____ da   le mer ____   le vol ____
un pa ____   une ju ____   un oura ____

4 Entoure le mot qui convient pour compléter la phrase.

Antoine est assis sur le bon. / banc.

Clément encre / entre dans le salon.

Amandine sent / rend son livre à Valentine.

5 Mets un V dans la case si c'est vrai.

	Je vois an	J'entends « an »
pantalon	V	V
banane		
enfant		
canard		
bonbon		
lavande		

6 Forme deux phrases correctes avec les groupes proposés. Recopie-les.

Le L' La Les	enfant enfants galet galets	est abandonné sont abandonnés restent	dans la forêt. sur le sol.

36 Syllabes complexes (6)

1 Découpe le mot en syllabes comme dans le modèle.

ou/vrir cristal tracteur découvrir

public triste couvrir livreur

2 Les lettres sont dans le désordre. Retrouve les mots et écris-les.

c/a/r

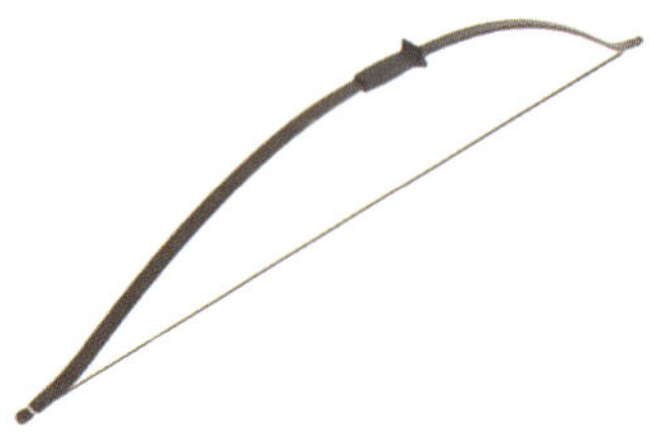

é/c/i/a/l/r

s/o/r/u

3 Relis « Au parc » et entoure la fin de phrase qui correspond à l'histoire.

Lila est partie
- à la ferme.
- au parc.

Dans le parc, Élio fait un tour
- à vélo.
- en tracteur.

Lila a un peu
- le trac.
- soif.

Maman a l'air
- triste.
- en colère.

4 Entoure les noms suivants dans la grille.
(Attention : les accents ne figurent pas.)

P	U	B	L	J	L	D	L	M
P	D	L	G	O	I	I	I	E
U	I	I	O	N	V	R	V	T
B	R	R	L	G	R	E	R	A
L	E	L	F	L	E	U	R	B
I	C	I	L	E	U	R	G	L
C	T	V	E	U	R	F	O	I
M	A	I	G	R	I	R	L	R

(horizontalement ou verticalement)

- PUBLIC
- DIRECT
- MAIGRIR
- ETABLIR
- LIVREUR
- JONGLEUR
- FLEUR
- GOLF

5 Complète le texte avec les mots suivants :
clôture, parc, tracteur, trac, contact.

Maman interdit à Lila d'aller au ______________.
Elle n'écoute pas sa mère.
Elle sort retrouver son ami Elio et son ______________.
Il n'a pas le ______________ : il tourne la clé de ______________.
Lila va ouvrir la ______________.

37 in ain ein un

1 Entoure les lettres qui font le son « in ».

in	ni	an	eni	ein	ain
ani	en	oi	un	na	ein

moulin	copain	interdire	peindre
écrivain	festin	lundi	éteindre

2 Écris les noms avec leur article sous les photos :
marin, moulin, peinture, poulain, un, vingt.

3 Complète les mots avec les syllabes, puis écris-les.

din, min, pin, tin :

le sa_____ : __________ le jar_____ : __________

le pa_____ : __________ le jas_____ : __________

4 Complète les mots avec les syllabes, puis écris-les.

pain, main, dain, frain :

de______ : ____________ un co______ : ____________

un re______ : ____________ sou______ : ____________

5 Complète les phrases avec **copain**, **train** ou **sous-marin**, puis réponds aux questions.

Le ____________ est au fond de la mer.
Le ____________ est entré en gare.
Alain a invité son ____________ Valentin.

- Où est le sous-marin ?
- Où est arrivé le train ?
- Qui a invité Valentin ?

6 Coche la case si le nom ou le verbe est au pluriel.

Une bouée	☐
Les corsaires	☐
La fourmi	☐
Les escargots	☐
Des merles	☐

Les merles sifflent.	☐
La bouée flotte.	☐
Les corsaires se battent.	☐

Je découvre le masculin et le féminin

1 Complète avec l'article **un** ou **une**.

_____ sapin   _____ tente   _____ jongleur   _____ fleur

2 Pour chacun des mots suivants, écris **M** si le mot est masculin ou **F** s'il est féminin. (Pour t'aider, essaie de placer **un** ou **une** devant le mot.)

fourmi ☐	gâteau ☐	loupe ☐
pantalon ☐	melon ☐	montre ☐

3 Écris trois objets dont le nom est masculin.

4 Écris trois objets dont le nom est féminin.

Je découvre l'adjectif

1 Entoure l'adjectif dans chaque groupe de mots, comme dans l'exemple : un (grand) poisson.

une tartine beurrée   un bonnet bleu

un long couloir   un train rapide   un grand train

2 Construis trois groupes de mots, comme dans l'exemple, avec un article, un nom et un adjectif de la liste.

Exemple : *Un gros melon*

un	une	grand	grande	poisson	bouton
le	la	petit	petite	ruban	main
		bon	bonne	copine	armoire

3 Précise chaque mot avec un adjectif de ton choix, comme dans l'exemple. (Pense à accorder l'adjectif.)

une auto → *verte*   *une veste* → ______

une cagoule → ______   *un palais* → ______

4 Écris deux groupes de mots avec un adjectif chacun.

Lire un carnet

1 **Colorie les drapeaux.** (Aide-toi d'un livre ou d'Internet.)

Andorre

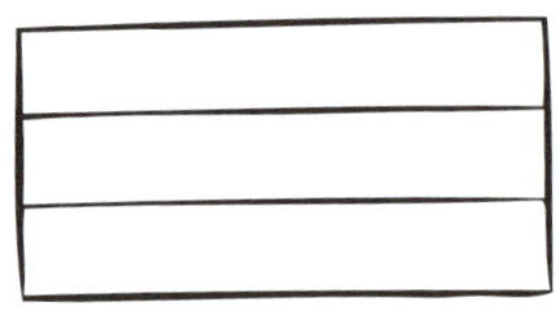

Arménie

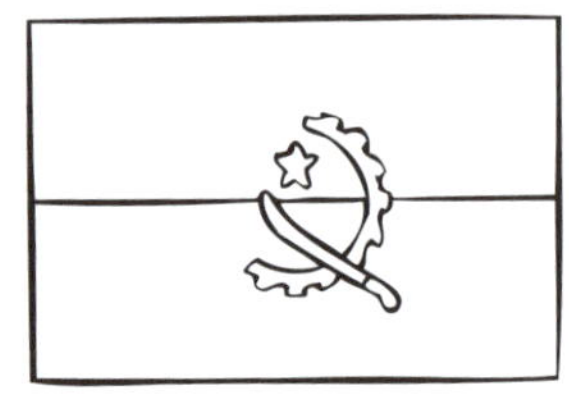

Angola

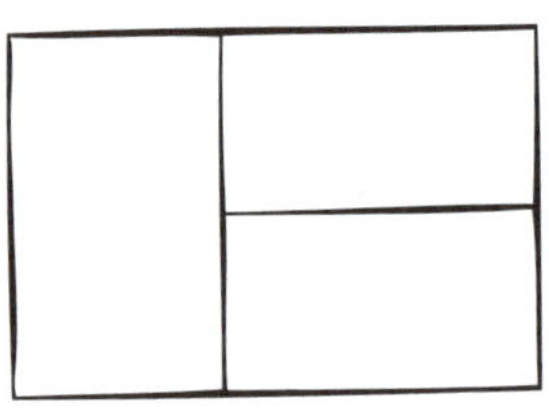

Bénin

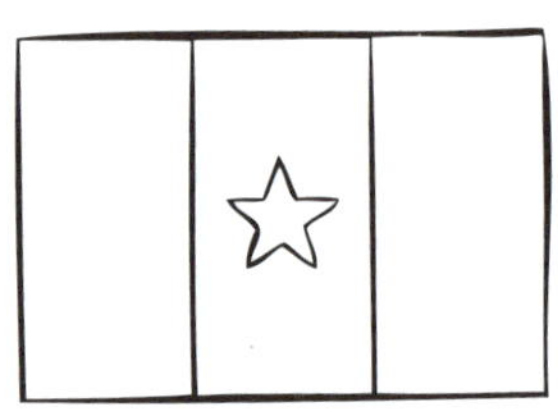

Sénégal

Russie

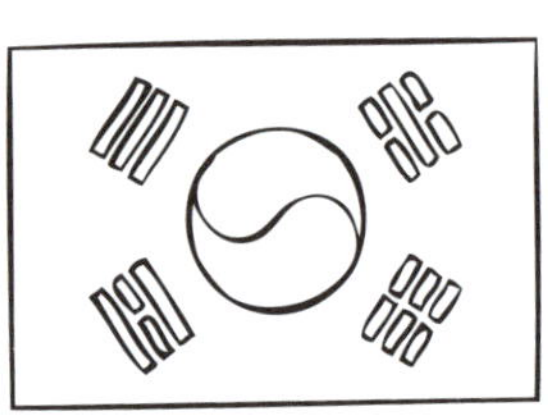

Corée du Sud

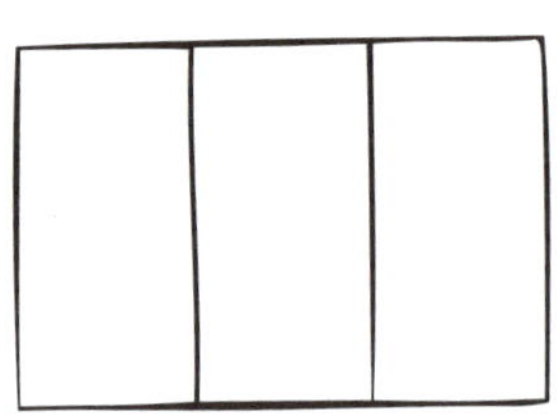

Côte d'Ivoire

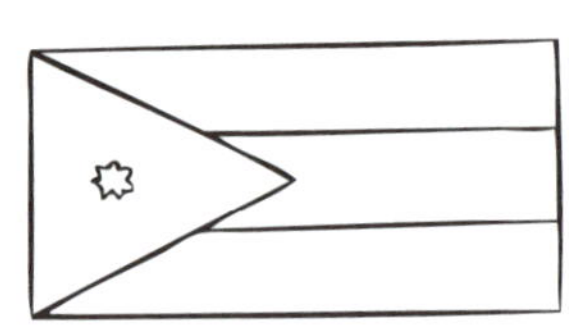

Jordanie

2 Lis les phrases et colorie les drapeaux.

Rome est la capitale de l'Italie.

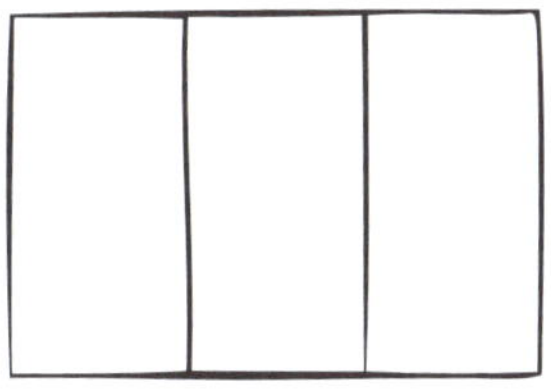

Abidjan est la capitale de la Côte d'Ivoire.

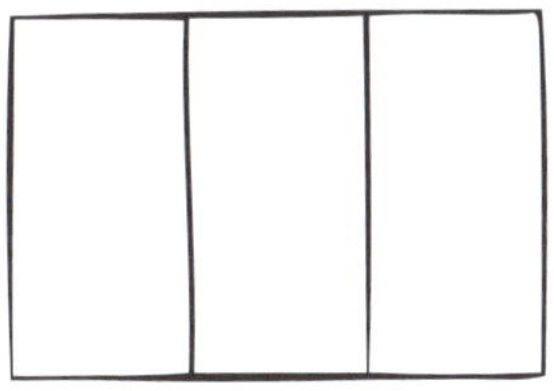

Belgrade est la capitale de la Serbie.

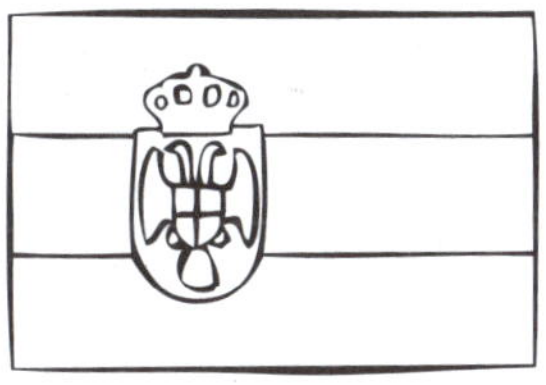

Rabat est la capitale du Maroc.

38 m devant m, b, p

1 Complète les mots avec an ou am.

une ___poule une ___tilope un ___gle

2 Complète les mots avec in ou im.

un ___vité ___possible une ___passe

3 Complète les mots avec on ou om.

une ___bre un ___cle un ___gle

4 Complète les mots. (Attention à m devant b, p.)

une col___be

un p___p___

un c___c___bre

le t___bour

un c___pas

la c___fiture

5 Écris les mots qui conviennent dans le tableau : compote, conducteur, monde, timbre, tombola.
(N'oublie pas la consigne.)

Mots avec m devant b ou p

6 Relis le texte « Vive la cantine ».

Écris le menu de la cantine.

Omar a très bon appétit ! Raconte.

Il veut avaler

39 H h 𝓗 𝒽

1 Entoure toutes les lettres h.

l h j h 𝓁 𝒿 𝒽 H T i 𝓗

2 Recopie.

h h

h

3 Complète les mots avec ha, hé ou hi.

un ____bou un ____licoptère un ____mac

4 Entoure, dans les mots, les syllabes qui contiennent la lettre h.

habit homard

menthe véhicule

5 Écris les verbes cachés.

sou ter hai

bi ha ter

6 Écris les mots sous les images avec leur article : **haricot**, **harpe**, **homard**.

7 Écris les phrases dans l'ordre, puis réponds aux questions.

dans le hamac. | préfère | dormir | Maman

et | Victor | papa | dans la forêt. | partent

- Où dort maman ?
- Où partent Victor et papa ?

8 Utilise les mots **hamac** et **dort** dans une phrase.

40 f ph

1 Entoure la syllabe quand tu entends le son « f ».

pa pha fi pi phi fa fan pan phan

pon fon pho po pu fu fu phin pli

2 Coche le cercle correspondant quand tu entends le son « f ».

photo	téléphone	phare	nénuphar
○ ○	○ ○ ○ ○	○ ○	○ ○ ○

3 Écris les noms avec leur article sous les photos :
alphabet, dauphin, éléphant, phare, photo, téléphone.

4 Complète les phrases avec les mots suivants :
dauphin, nénuphar, photo, photographe.

Le ______________ est venu faire une ______________ de la classe.

Le ______________ a sauté hors de l'eau.

Le ______________ pousse sur les lacs et les étangs.

5 Écris une carte postale à qui tu veux. N'oublie pas l'adresse.

Pour t'aider :
Cher, Chère,
j'espère,
je souhaite,
je t'embrasse.

6 Complète avec l'adjectif qui convient.

joli/jolie — Lila choisit une ______________ carte postale.

grand/grande — Elle a écrit un ______________ paragraphe.

content/contente — Elle est ______________.

maladroit/maladroite — Romane est ______________, elle a sali la carte !

41 c c - Q q Q q - K k K k

1 Entoure toutes les lettres **q** en bleu et toutes les lettres **k** en rouge.

q l k h p d h l Q K

k l q h p h k h K Q

2 Entoure la syllabe quand tu entends le son « **k** ».

qui ka sa co que quoi la

quand ki quin fan kir tor ko

3 Recopie.

q k

q k

4 Écris les noms avec leur article sous les photos :
anorak, kangourou, phoque.

5 Dans chaque liste, barre les mots dans lesquels tu n'entends pas le son « k ».

brique	coq	barque	koala
datte	quai	brique	kilo
kimono	égal	plaque	gomme
claque	karaté	poule	phoque
légume	trait	gant	vélo

6 Retrouve les noms d'animaux et écris-les.

que pho ______ rou kan gou ______

a la ko ______ mous que ti ______

7 Complète les phrases avec les mots astique, fabriqué, marmite, queue, requin, puis réponds aux questions.
(Tu peux t'aider de ton manuel.)

Le papa a ______ un bijou avec des dents de ______.
Sifflotin ______ la ______.
Roûmm a une ______ interminable.

- Qu'a fabriqué le papa ? ______
- Qu'astique Sifflotin ? ______
- Qui a une longue queue ? ______

42 ch

1 Entoure la syllabe quand tu entends le son « ch ».

cha	ça	que	chan	clo	cho	clou
chou	quoi	coi	choi	chon	che	co

2 Coche le cercle correspondant quand tu entends le son « ch ».

○○

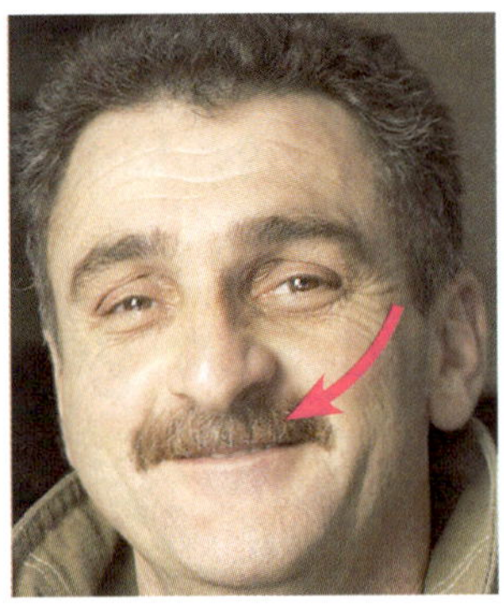
○○○

○○○○

○○

3 Complète les mots avec cha, che, chè, cho, chu ou chon.

le ____ colat   le ____ meau   la ____ minée

le para____ te   la ____ vre   le corni____

4 Écris les mots cachés.

che bou

che tru au

pan zé chim

man di che

5 Écris les noms avec leur article sous les photos : **cloche, château, hache.**

6 Complète avec les mots suivants : **cheminée, chemin, Quand, penche, seul, cherche.**

Elio se ________ pour regarder la ________
________ il se retourne, il est tout ________
Il ________ son ________.

7 Termine la phrase avec :

– un groupe de mots **au masculin.**

un beau château fort • une belle ferme

Omar va voir ________.

– un groupe de mots **au féminin.**

le grand four • la grande cheminée

On peut préparer quinze poulets dans ________.

43 c ç ce ci = s

1 Entoure la syllabe quand tu entends le son « s ».

sa ca ça si ci qui zi zé

sé cé cou coi çoi co çon çan

2 Recopie.

ç

ç

3 Complète les mots avec c ou ç.

le fran__ais le __oiffeur une balan__oire

un bra__elet un __itron un gar__on

4 Entoure le mot qui correspond à la photo.

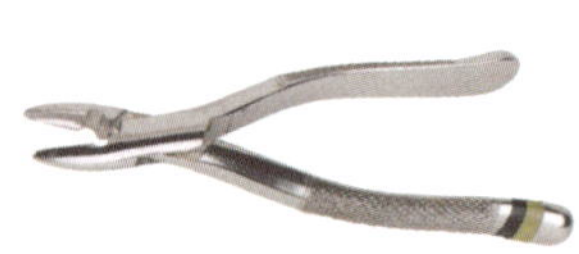

cigale	cerceau	mince	ceinture
cigare	berceau	pince	peinture

5 Écris les noms avec leur article sous les photos : cercle, citron, hameçon.

6 Complète les bulles de la bande dessinée.

On va voir des acrobates sur leur balançoire !

Chic, on va au cirque !

Et des tigres féroces !

Et Vincent, le célèbre jongleur !

Je découvre les temps des verbes

1 Complète les phrases avec le verbe qui convient : habite, habitait, habitera.

Quand elle était petite, Léa __________ près des champs.
Maintenant, elle __________ à la ferme, près du moulin.
L'année prochaine, Léa __________ près de la mer.

2 Aide-toi des mots soulignés pour choisir le verbe qui convient : aimait, aime, aimera.

<u>L'année passée</u>, Omar __________ les bonbons.
<u>Maintenant</u>, Omar __________ les bonbons.
<u>L'année prochaine</u>, Omar __________ encore les bonbons.

3 Relie les parties de phrases qui vont ensemble. (Aide-toi des temps des verbes et des mots qui indiquent quand se passe l'action.)

Quand elle avait un an, •	• Lila apprendra l'anglais.
Maintenant, •	• Lila apprend à lire.
Dans quelques années, •	• Lila a appris à marcher.

4 Souligne en **noir** les phrases au passé, en **bleu** les phrases au présent et en **vert** les phrases au futur.

a. Quand elle sera grande, Lila racontera des histoires.
b. L'an passé, Élio était à la maternelle.
c. Ce mois-ci, Omar mange tous les jours à la cantine.
d. Au début de l'année, Marine n'aimait pas venir à l'école.
e. La semaine prochaine, les élèves partiront en vacances.
f. Maintenant, Romane finit ses devoirs.

5 Complète avec le pronom qui convient : **Il**, **Elle**, **Je**.

Omar aime les frites. ______ en mange tous les jours.
Lila veut aller au parc. ______ veut jouer avec Élio.
Romane aime taquiner sa sœur. ______ lui joue souvent des tours.
Je m'appelle Élio. ______ suis l'ami de Lila.
Élio n'aime pas les disputes. ______ part jouer avec Omar.

Lire un prospectus

Paris est la capitale de la France.
Omar rêvait de voir les monuments célèbres.

Relie les mots qui correspondent à chaque photo.

- Bateau-mouche sur la Seine
- La tour Eiffel
- Le Trocadéro

Paris Paris Paris

- Le Louvre
- Notre-Dame
- L'Opéra

44 ge gi gue gui

1 Entoure la syllabe quand tu entends le son « g ».

ga gue je qui gui ci go jo

2 Entoure la syllabe quand tu entends le son « j ».

ja ga ge geon go que gi je

3 Colorie la case en **bleu** quand tu entends « gi » et en **noir** quand tu entends « gui ».

○○○

○○○

○○

○○○○

4 Entoure les syllabes ge en **bleu** et les syllabes gue en vert.

virage bague catalogue passage
fatigue genou langue bagage

5 Complète avec gué ou gé.

Il est fati____. Il s'est allon____.
Il a été malade, mais maintenant il est ____ri.
Sa mère est soula____e.

6 Sépare les mots les uns des autres par des traits pour former une phrase. Écris-la correctement en ajoutant les virgules nécessaires.

Aumarchéj'aiachetédesaspergesdesauberginesdes figuesetdesoranges.

7 Écris les noms avec leur article sous les photos : **bougie**, **fromage**, **guitare**.

8 Relis « **Souvenir, souvenir** » et coche les phrases qui correspondent au texte.

a. Lila et Marine regardent des photos. ☐
b. Sur la photo du manège, Lila a 5 ans. ☐
c. Lila est au guichet du cinéma avec papa. ☐
d. Lila tient une photo à l'envers. ☐

9 Écris ce que Lila répond à Marine.

- Marine montre une photo où Lila est en train de lire.

Pour t'aider : ton livre - un an - à l'endroit - petite - remarque - n'est pas.

45 s = z quand s est entre deux voyelles

1 Classe les mots suivants dans le tableau :
douze, musée, nez, oiseau, partez, poste, salade, zéro.

	j'entends « z »	je n'entends pas « z »
Je vois z		
Je vois s		

2 Coche le cercle quand tu entends le son « z ».

○ ○

○ ○ ○ ○

○ ○ ○

○ ○ ○

3 Lis les phrases et entoure les mots quand tu entends le son « z ».

Élisa aime le raisin et les cerises.
Il a proposé une visite au musée.
Zoé est assise sur une chaise.

4 Écris les noms avec leur article sous les photos :
fusée, perceuse, vase.

5 Classe les mots de la liste dans le tableau :
cerise, fraise, mimosa, pissenlit, raisin, rose.

fruits	fleurs

6 Relis le texte « Babar jardinier », puis raconte ce que fait le jardinier.

Tu peux utiliser les verbes : arroser, pousser, ramasser, planter.

46 ié iè ia ier ion

1 Classe les mots suivants dans le tableau :
avion, camion, chariot, chiot, diable, escalier, lièvre, mariée, piano, pièce, piéton, plombier.

ia	ié	ier
iè	**io**	**ion**

2 Écris les noms avec leur article sous les photos :
avion, violon, piano, radio, pièces, camion.

[j]

3 Écris le nom de l'arbre comme dans le modèle.

la banane	la cerise
le bananier	

l'olive	la poire

l'amande	la pomme

4 Écris chaque fois une phrase contenant les mots suivants.

piano, violon :

cahier, coloriage :

5 Numérote les phrases dans l'ordre de l'histoire.

☐ Élio et Lila voient des traces sur le clavier de l'ordinateur.

☐ Maman crie : Où est passée ma viande ?

☐ Lila a peur qu'un camion ait écrasé Pacha.

☐ Pacha a disparu.

47 ail aille eil eille euil euille œil ouille

1 Classe les mots suivants dans le tableau :
écureuil, émail, fauteuil, rail, réveil, seuil, soleil, sommeil.

ail	eil	euil

2 Écris les noms avec leur article sous les photos :
ail, épouvantail, fauteuil, grenouille, oreille, papillon.

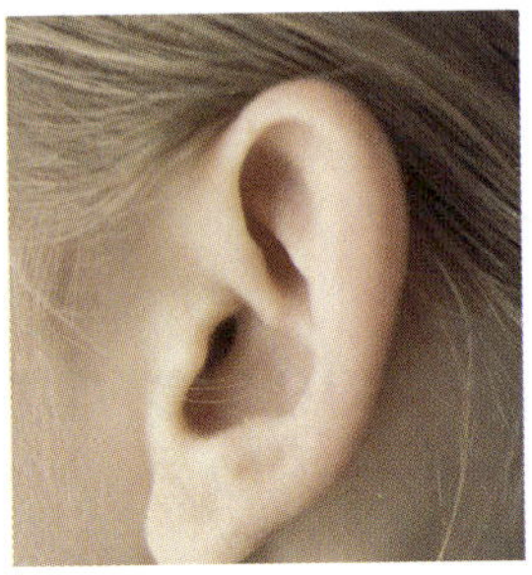

3 Classe les mots suivants dans le tableau :
anguille, jonquille, œillet, oreiller, paillasson, papillon.

objets	plantes	animaux

4 Relis « Pour se réveiller » et réponds aux questions.

- La petite fille se réveille-t-elle facilement ?

- À quoi la petite fille voit-elle que tout le monde est réveillé ?

5 Complète les phrases avec les verbes au temps qui convient.

tombe • tombait

Hier soir, la petite fille ______ de sommeil.

se réveille • se réveillait

Ce matin, elle ______ avec le soleil.

part • partira

Quand elle sera grande, elle ______ en vacances sans ses parents !

48 Y y 𝒴 𝓎

1 Entoure toutes les lettres y.

y j g y h k y V Y

j y p g y f q Y Z

2 Recopie.

y y

y

3 Écris les noms avec leur article sous les photos : crayon, kayak, yaourt.

4 Relis le texte « Le jeu du yéti » puis écris V si c'est vrai et F si c'est faux.

Les enfants jouent à un jeu de société. ☐

Lila nourrit son yéti avec du gruyère. ☐

Marine a une carte avec le dessin d'un yaourt. ☐

Élio est en colère et lance les cartes au sol ! ☐

Seule Lila a triché ! ☐

5 Rédige une liste de courses pour préparer un bon dîner.

Pour le repas, maman doit acheter :

— de la salade

—

—

—

—

—

—

—

Je découvre l'ordre alphabétique

1 Complète les lettres qui manquent dans l'ordre alphabétique.

a, b, c, ___, ___, ___, ___, ___, ___, ___, k, l,

m, n, ___, ___, ___, ___, ___, ___, ___, ___, w, x, y, z.

2 Complète avec la lettre qui vient juste après dans l'ordre alphabétique.

a, ___ d, ___ m, ___ r, ___

3 Complète avec la lettre qui vient juste avant et celle qui vient juste après dans l'ordre alphabétique.

___, c, ___ ___, f, ___ ___, k, ___ ___, t, ___

4 Classe les lettres suivantes dans l'ordre alphabétique. Recopie-les.

t, f, b : ___ q, d, p : ___

v, c, z, u : ___

5 **Place le mot encadré dans la série, avec une flèche, à l'endroit qui convient, comme dans l'exemple.**

Exemple : *jongleur*

avion cigale impasse ↘ olivier tablier

soleil

abricot dimanche miel téléphone

crocodile

écharpe gratin hibou zigzag

lion

abeille crayon gruyère mayonnaise

6 **Entoure en bleu la première lettre de chaque mot, puis recopie les mots dans l'ordre alphabétique.**

déchirer, tricher, réveiller, aboyer

utile, solide, drôle, vert, amusant

7 **Écris un mot qui, dans l'ordre alphabétique, se place entre les deux mots de chaque ligne.**

bonjour, ______________, fromage

melon, ______________, policier

salière, ______________, zèbre

Lire des publicités

1 Relie chaque slogan à son image.

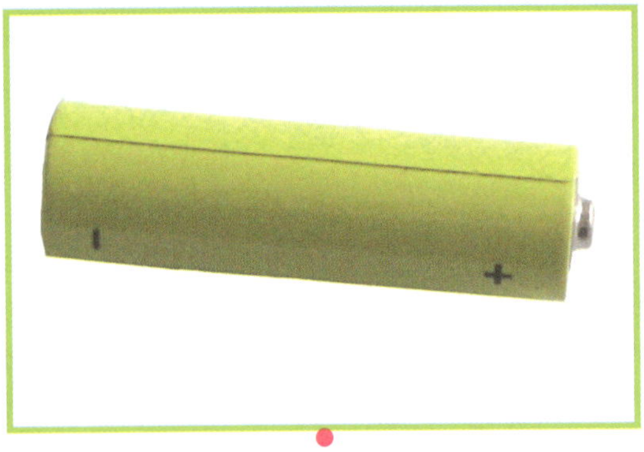

• Noir ! Un régal matin et soir. •

• Elle donne envie d'avoir soif. •

• Elles courent pour vous ! •

• Elle dure, dure, dure, dure, dure... •

2 Écris un slogan pour chaque image.

Pour t'aider :
fauteuil, confortable, dormir.

Pour t'aider : vélo, solide, rouler, longtemps.

Pour t'aider : fleurs, couleurs, parfumé, joie, donné, petit, cadeau.

49 gn

1 Entoure la syllabe quand tu entends le son « gn ».

gna gua gnon geon gue gne gner

2 Coche le cercle quand tu entends le son « gn ».

○ ○ ○

○ ○ ○

○ ○ ○

○ ○

3 Écris les verbes cachés.

gner sou li

gri ter gno

gno i rer

gno cli ter

4 Écris les noms avec leur article sous les photos :
araignée, baignoire, poignée.

5 **Classe ces villes de France dans le tableau : Avignon, Bagnolet, Haguenau, Martigues, Perpignan, Sarreguemines.**

je vois gu	je vois gn

6 **Relis « Gustave Taloche » et réponds aux questions.**

- Quel est le surnom de Gustave Taloche ?
- Que signifie « J'aime quand ça chauffe » ?
- Pourquoi la bagarre fatigue-t-elle la mère de Gustave ?

7 **Raconte ce que la directrice a pu dire à Gustave Taloche.**

Pour t'aider : bagarre - interdit - règlement de l'école - punir - convoquer – directrice.

50 ien oui oin

1 Entoure les oui en bleu, les oin en vert et les ien en orange.

oin oui ien *ien* *oui* *oin*

2 Entoure les prénoms suivants dans la grille.

A	L	O	U	I	S	E	N
U	L	U	C	I	E	N	I
R	O	M	I	E	N	I	E
E	U	D	A	M	I	E	N
L	I	E	N	I	E	N	E
I	S	A	D	R	I	E	N
E	B	A	S	T	I	E	N
N	J	U	L	I	E	N	I

(horizontalement ou verticalement)

- ADRIEN
- AURELIEN
- BASTIEN
- DAMIEN
- JULIEN
- LOUIS
- LOUISE
- LUCIEN

3 Relie ce qui va ensemble.

le tournevis •	• le pharmacien
les lunettes •	• le mécanicien
le chien •	• l'opticien
le médicament •	• le musicien
le ballon •	• le gardien de but
le violon •	• la niche

4 Écris les noms avec leur article sous les photos : **chien, ouistiti, pingouin.**

5 Relis « **Moi, plus tard** » et coche les bonnes réponses.

- Plus tard, Omar veut être :
  ☐ mécanicien ☐ chirurgien ☐ détective
- Sur la banquise, Marine voudrait :
  ☐ observer les pingouins ☐ faire des courses de traîneaux.
- Que répond Lila au maître ?
  ☐ « Je serai musicienne ou rien. »
  ☐ « Je serai raconteuse d'histoires. »
  ☐ « Je serai maîtresse d'école. »

6 Complète les phrases avec les mots suivants : **bien, moins, rien.**

Marine souhaite devenir aventurière ou ______ !
Omar aimerait ______ être chirurgien, comme son père.
Elio voudrait un métier ______ connu que ses copains.

7 Entoure la première lettre de chaque nom de métier, puis numérote-les dans l'ordre alphabétique.

mécanicien – aventurière – chirurgien – détective
☐ 1 ☐ ☐

51 ui

1 Entoure la lettre ou les lettres quand tu entends le son « ui ».

u i ui on oi iu oui ui

nu in ui in ui oin oui oi

2 Numérote les mots dans l'ordre alphabétique.

☐ fruit ☐ nuit ☐ puits ☐ ruine ☐ tuile 1 cuire

3 Écris les mots cachés.

nuit mi

cuit bis

si ne cui

sui te pour

4 Complète chaque mot avec la syllabe cui, sui, plui ou tui, puis écris-le.

pour___te : la ___________ ___le : la ___________

para___e : le ___________ cir___t : le ___________

5 Écris deux phrases avec les mots suivants.

puits, aujourd'hui :

pluie, parapluie :

[ɥi]

6 Lis le texte, puis réponds aux questions.

Aujourd'hui, il pleut. Lila a pris son parapluie
pour ne pas se mouiller. Elle va faire des courses.
Sa mère lui a donné une liste : 1 kilo de truites,
1 litre d'huile d'olive, 1 kilo de fruits
et 2 paquets de biscuits.

- Qu'a pris Lila pour ne pas se mouiller ?

- Quel poisson doit-elle acheter ?

- Combien de paquets de biscuits doit-elle acheter ?

7 Relis « Djeha et la lune », puis réponds aux questions.

- Qu'a vu Djeha dans le puits ?

- Avec quoi veut-il attraper la lune ?

- Que pense-t-il quand il voit la lune au-dessus de lui ?

52 ell ess ett err enn eff

1 Entoure les lettres en **bleu** quand tu entends le son « èl », en vert quand tu entends le son « èr » et en orange quand tu entends le son « èt ».

èl	ette	erre	été	elle	ère
elle	air	ète	erre	el	aite

2 Écris les noms avec leur article sous les photos : chienne, échelle, fourchette, perroquet, raquette, tresse.

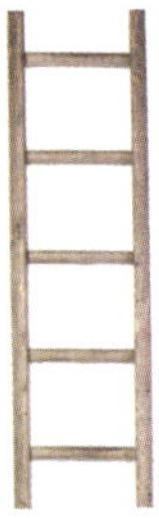

3 Entoure la bonne fin, puis écris le mot.

hiron < dette / delle

clari < nelle / nette

4 **Classe les mots suivants avec leur article dans le tableau :**
assiette, cuillère, fléchette, fourchette, galette, marionnette, omelette, pomme de terre, raquette.

jouets	couverts	nourriture

5 **Lis la phrase. Choisis si tu es d'accord ou non et complète la réponse qui convient.**

Pour t'aider : respect - engagement - poli - gêne - les autres.

- Il faut tenir ses promesses.

Oui, je suis d'accord parce que ______________________.
Non, je ne suis pas d'accord parce que ________________.

6 **Lis et coche le bon résumé.**

- ☐ Omar fait la tête : ses sœurs jumelles sont nées. Il trouve la vie infernale car on ne s'occupe que d'elles. Mais il les aime quand même !
- ☐ Omar reste dans la rue car il ne peut pas jouer avec ses sœurs. Il préfère aller chez Lila plutôt que rentrer chez lui.
- ☐ Omar fait la tête car ses sœurs jumelles sont nées et il doit toujours aider. Il n'aime pas ses sœurs !

Lire des couvertures

1 Relie.

Nom de l'auteur •

Titre du livre •

Éditeur •

• Nom de l'auteur

• Titre du livre

• Éditeur

2 Invente un nom d'auteur, un titre, un nom d'éditeur et complète la couverture. Illustre-la.

53 tion = ssion

1 Entoure la syllabe quand tu entends le son « ssion ».

tion toin soin sion toni sino

2 Écris les noms avec leur article sous les photos : addition, compétition, conversation, équitation, multiplication, natation.

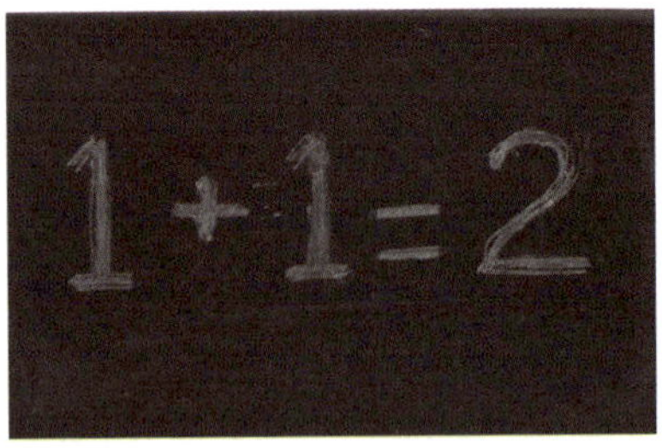

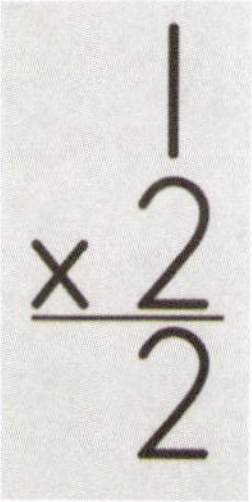

3 Écris les mots cachés.

tion so lu

da i non tion

in dic tion ter

4 **Lis le texte, puis entoure les bonnes réponses.**

Lila suit des cours de natation. Elle se prépare pour la prochaine compétition. Elle nage à la perfection. Son professeur lui dit : « Mes félicitations ! Tu as toutes les chances de gagner ! »

Lila suit des cours :
a. d'équitation.
b. de navigation.
c. de natation.

Son professeur lui a :
a. donné une punition.
b. présenté ses félicitations.
c. donné une décoration.

5 **As-tu déjà été puni(e) ? Raconte.**

Pour t'aider : bavarder, mentir, écouter, ne ... pas, une fois, jamais, sage, bien.

6 **Complète les phrases avec le groupe de mots qui convient :**
Hier soir, Aujourd'hui, La prochaine fois.

______________ Nathalie n'est pas contente.
______________ elle a dû faire sa punition au lieu de regarder la télévision.
______________, elle devra faire attention pour ne plus avoir de punition.

54 X x 𝒳 𝓍

1 Entoure toutes les lettres x.

r x e x k x y K X

𝓍 𝓀 𝓈 𝓍 𝓋 𝓍 𝓊 𝒳 𝒦

2 Recopie.

𝓍 𝓍

𝓍

3 Écris les noms avec leur article sous les photos : klaxon, saxophone, taxi.

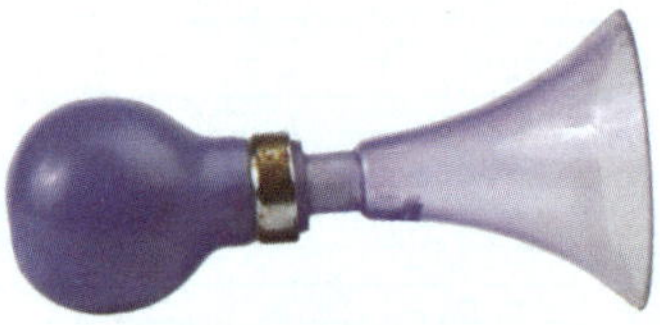

4 Relie chaque groupe de mots à son pluriel.

un chou •	• des genoux
un cheveu •	• des cheveux
un genou •	• des chevaux
un cheval •	• des choux

5 Classe les mots suivants dans le tableau :
boxe, cheveux, deuxième, dix, dixième, exemple, exiger, mieux, noix, six, taxi, yeux.

x = ks	x = gz	x = s

x = z	x muet

6 Écris si c'est vrai ou faux.

Il faut klaxonner en ville. ____________

La maîtresse explique les leçons. ____________

7 De quel instrument aimerais-tu jouer ?

J'aimerais jouer ______________________________ .

8 Numérote les cases dans l'ordre de l'histoire.

- ☐ Heureusement Élio arrive et lui propose de venir jouer chez lui.
- ☐ Sa mère exige qu'elle joue encore plus doucement pour ne pas réveiller sa sœur.
- ☐ Son frère lui demande de jouer moins fort, car il travaille.
- ☐ Son père téléphone et elle n'ose plus jouer.
- ☐ Marine joue du saxophone.

55 W w W w

1 Entoure toutes les lettres w.

v w u x w m v M W

w m u w v n x W U

2 Recopie.

w w

w

w

3 Écris les noms avec leur article sous les photos : clown, kiwi, wagon.

4 Classe les mots suivants dans le tableau : **clown, kiwi, wagon.**

w = v	w = ou	w = u

5 Lis le texte, puis entoure les bonnes réponses.

Ce week-end, Élio part en train chez son oncle William.
Dans le wagon, il sort le sandwich que sa mère lui a préparé.
Chez son oncle, il regarde à la télévision un match de water-polo et un documentaire sur les wapitis.

- L'oncle de Élio s'appelle :
a. Walid.
b. Olivier.
c. William.

- En route, Élio a mangé :
a. un kiwi.
b. un sandwich.
c. un gâteau.

- Le documentaire qu'a vu Élio présentait :
a. les wapitis.
b. les kangourous.
c. les zèbres.

56 Y y *Y y*

1 Entoure les mots en bleu quand la lettre y se prononce « i ».

crayon	yaourt	pyramide	rayon	mystère
Jérémy	lycée	crayon	myrtille	noyau

2 Écris les noms avec leur article sous les photos :
bicyclette, poney, pyjama, rugby, stylo, xylophone.

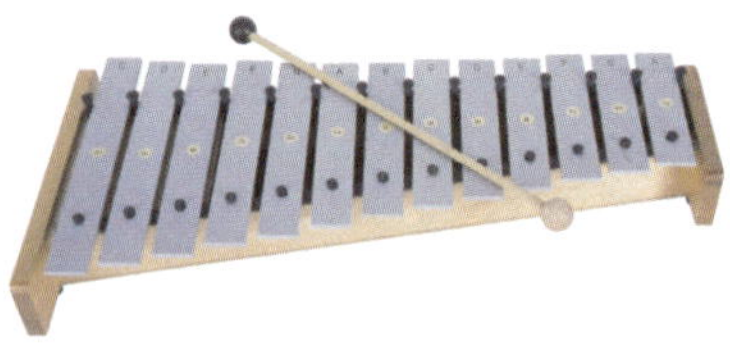

3 Relis « L'objet mystère » et complète les phrases avec les mots suivants : mystère, rythme, xylophone.

À la fête de l'école, les enfants jouent à l'objet ______.
Pour deviner de quel objet il s'agit, Omar écoute bien le ______.
C'est un instrument plein de couleurs, sur lequel on tape : c'est un ______.

4 Classe les mots suivants dans le tableau :
cygne, cyprès, hyène, myrtille, pyjama, tricycle.

objets	plantes	animaux

5 Relie ce qui va le mieux ensemble.

le jockey •	• un élève
le lycée •	• une bicyclette
le cycliste •	• dormir
le pyjama •	• un cheval
une myrtille •	• la confiture

6 Choisis dans la liste un article, un adjectif, un verbe et complète la phrase.

Le	blanc	glisse
La	blanche	se promène
Un	merveilleux	
Une	merveilleuse	

_____ cygne _____ _____ sur le lac.

• Écris la phrase ci-dessus au pluriel.

57 sp st sc squ

1 Écris le mot qui convient à côté de chaque syllabe : scarabée, sparadrap, spirale, sportif, stade, strapontin, strophe, stupide.

sca :

spi :

spa :

spor :

sta :

stro :

stra :

stu :

2 Écris les noms avec leur article sous les photos : scarabée, scorpion, statue.

3 Écris le nom de trois sports.

4 Complète les phrases avec les mots : **scolaire, scorpion, skieur, stop.**

La voiture s'arrête au ______________.
Le ______________ fait du slalom.
Il a été piqué par un ______________.
L'année ______________ est presque finie.

5 Écris dans la case le numéro du mot qui correspond à la définition.

1. stylo 2. scorpion 3. hamster

- Petit animal dont la piqûre peut être mortelle. ☐
- Instrument qui permet d'écrire. ☐
- Petit animal domestique de la famille des rongeurs. ☐

6 Relis le texte « Madame Catastrophe » et invente une fin.

Pour t'aider : écris une dernière bêtise de Mme Catastrophe qui finit *bien/mal*, et la réaction de Mr Grand.

Français

Je découvre les mots de sens opposé

1 Relie chaque adjectif à son contraire.

vieux •	• usé
triste •	• jeune
neuf •	• impossible
possible •	• gai

2 Relie chaque verbe à son contraire.

tirer •	• détester
aimer •	• se taire
commencer •	• pousser
parler •	• finir

3 Complète avec l'adjectif de sens opposé qui convient : gai, léger, gentil, mouillée, intelligent.

Ce sac n'est pas lourd : il est ______________.
Cette chemise n'est pas sèche : elle est ______________.
Le chien de Marine n'est pas méchant : il est ______________.
Elio n'est pas bête : il est ______________.
Omar n'est pas triste : il est ______________.

4 Pour chaque phrase, écris le verbe de sens opposé qui convient : **déteste, a vidé, se taire, a allumé, a perdu.**

Omar a rempli la poubelle :

Le maître a dit à Lila de parler :

Elio aime le concombre :

Lila a trouvé sa gomme :

Romane a éteint la lumière :

5 Écris un mot de sens opposé de ton choix.

Cette dame est jeune. ________

Elio a réussi son tour de magie. ________

Omar est content d'aller à l'école. ________

Flora habite près de Lila. ________

Les pneus du vélo sont usés. ________

7 Trouve trois mots et leur opposé (choisis des mots qui ne figurent pas dans les exercices ci-dessus). Construis une phrase avec chacun d'eux.

Lire des panneaux de signalisation

1 Relie chaque légende à son panneau.

• Annonce de feux tricolores •

• Chemin obligatoire pour piétons •

• Passage d'animaux sauvages •

• Passage pour piétons •

• Virage à droite •

• Virage à gauche •

2 Dessine et colorie les panneaux. Tu peux t'aider de ton manuel.

Interdiction de stationner

Sens interdit à tout véhicule

Point de pique-nique

Impasse

3 Invente un panneau. Pose-toi la question de savoir de quel type de panneau il s'agit avant de dessiner sa forme. Puis dessine.

Remerciements

Un grand merci aux enseignantes et aux élèves de CP des écoles Édouard Herriot à Lyon, Buffault et Capitaine Lagache à Paris qui ont bien voulu participer à l'expérimentation de cette méthode. C'est grâce à leur bonne volonté et à leurs qualités professionnelles que la méthode a pu voir le jour et être enrichie.

Cette nouvelle édition a pris en compte les commentaires avisés de C. Martin, F. Moulin et V. Tondi, enseignantes de l'école Édouard Herriot à Lyon.

Nous remercions également Jack Sagot, enseignant-formateur à l'Institut national supérieur de Suresnes (INSHEA).

Crédits photographiques

Conception : Lambda
Conception de la couverture : Véronique Lefebvre
Illustration de la couverture : Bérengère Delaporte
Illustrations des pages intérieures et des pictos : Pierre Fouillet
Conception de la maquette intérieure : Oxygène Multimédia
Mise en page : Pictorus
Coordination artistique : Alexandre Millot et Pierre Taillemite
Édition : Atelier des Noyers
Fabrication : Josiane Nicole
Recherche iconographique : Lucie Poisson pour toutes les photos hors Jupiter

Imprimé en Espagne par Macrolibros
N° éditeur : 10223476 - Dépôt légal : Mars 2016